SAINT TAURIN

ET SA COUDRE

à Saint-Aubin-de-Gisai

PAR E. VEUCLIN

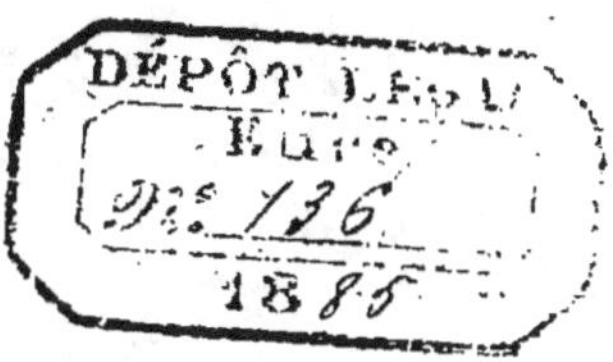

BERNAY

IMPRIMÉ PAR V. E. VEUCLIN

EN L'AN 1885

VUE DE LA COUDRE ET DU CLOITRE DE SAINT TAURIN A GISAI EN 1885.

SAINT TAURIN

ET SA COUDRE

à Saint-Aubin-de-Gisai

par E. VEUCLIN

BERNAY

IMPRIMÉ PAR V. E. VEUCLIN

EN L'AN 1885

INTRODUCTION

Du riche diadème historique du Pays
d'Ouche, la perle la plus précieuse est
la tradition qui attribue à cette région
l'insigne honneur d'avoir été foulée par
les pieds de saint Taurin, d'avoir enten-
du la voix de ce grand apôtre chrétien,
d'avoir été rougie de son sang.

Remontant à cette époque extrêmement,
reculée et obscure où planter un arbre,
une pierre, était le moyen le plus usité de
fixer la pensée humaine et de faire con-
naître aux temps à venir les événements
mémorables du passé ; pieusement trans-
mise, durant une quinzaine de siècles,
par de nombreuses générations, cette tradition n'est point, comme on l'a dit, l'œuvre de l'imagination populaire, mais bien
le récit, peut-être altéré ou amplifié par
la suite des âges, d'un fait accompli, réel.

En effet, de même qu'il n'y a pas de
fumée sans feu, il n'y a pas de tradition,
de légende sans cause ; et, comme le dit
fort judicieusement un auteur compétent
(1), « si l'on veut arriver à se former des
idées exactes sur cette matière, il faut,
avant tout, se pénétrer de cette observa-

---

(1) Mlle A. Bosquet. — *La Normandie roma-
nesque et merveilleuse*, etc. ; 1845. Introd. p. IV.

tion : qu'aucune croyance superstitieuse n'est le fait de l'invention spontanée, ni d'un individu, ni même d'un peuple. Toutes, elles se sont développées à la suite d'un système religieux quelconque, dont elles sont le complément ou plutôt la déviation. Leur autorité s'est mesurée toujours d'après celle du dogme fondamental... »

Or, lorsque, comme à Gisai, la tradition est appuyée de témoignages aussi solides que ceux que nous allons exposer, elle est une page authentique d'histoire locale, et, pour tout patriote, pour tout homme de bonne foi, ayant au cœur l'amour du sol natal et la dignité filiale, c'est un devoir sacré de la respecter et de la défendre.

Telle est notre pensée en rappelant à nos compatriotes le plus glorieux des souvenirs historiques qni se rattachent à notre cher Pays d'Ouche.

E. Veuclin.

Bernay, le 1er Juin 1885.

SAINT TAURIN ET SA COUDRE
A GISAI

I

Haute Antiquité de Gisai.

Gisai existait assurément avant la venue de Jésus-Christ, et, au temps où vivait saint Taurin, cette localité, de même que ses environs, était habitée par des Gallo-Romains qui y ont laissé de nombreuses preuves de leur long séjour et de leur richesse (1).

---

(1) A une lieue de là, au Tilleul-en-Ouche, au bord du grand chemin de Bernay à Laigle, se voit un menhir, dit la *Longue Pierre*, mesurant environ, au-dessus du sol, 2 ^{m}. 50 de hauteur et 2 ^{m}. de largeur.

A Prêtreville, on trouve des débris de tuiles romaines et des vestiges de forges antiques, ce qui fait supposer qu'il existait alors un cours d'eau dans ce vallon aujourd'hui sec.

A Gisai même, dans le cimetière, le pic du fossoyeur rencontre des maçonneries antiques dont il n'a raison qu'à grande peine. Parmi les objets découverts, citons : un gros anneau d'or gaulois, trouvé en arrachant un arbre, près l'église ; des murailles en briques romaines, mises au jour, en creusant un fossé, dans le vallon ; un tombeau gaulois, au même endroit ; des restes d'un incendie considérable, un peu plus loin ; des poteries antiques, dans le cimetière. Au midi, les deux cours voisines sont pleines de substructions et le sol est tellement creux que les mares ne peuvent rester pleines durant

Plusieurs grandes voies entouraient Gisai (1) et mettaient cette localité en communication directe avec les principales cités de la seconde Lyonnaise.

Il est donc certain que le gouvrrneur romain d'Evreux avait, à Gisai, une résidence, sa présence étant nécessaire pour assurer l'obéissance de cette importante et rebelle région, éloignée d'une dizaine de lieues de son chef-lieu.

II

Du IIIe au XVe siècle.

L'érection d'une église, vers le VIIe siècle, sous le patronage de saint Aubin, démontre que les invasions des Barbares qui à partir de la mort de saint Taurin, ravagèrent la Gaule et en chassèrent les Romains vers la fin du IVe siècle, se firent

---

un jour. Dès 1829, Mr A. Le Prévost signalait l'existence, à Gisai, de vestiges d'établissements romains. Des fouilles faites dans les cours de MM. Samson et Moussel auraient bien certainement des résultats précieux et intéressants.

Parmi les lieux dits existants sur Gisai : les Trez, la Villette, la Pilâtraie, la mare Grachin, les Rues, nous paraissent être d'origine celtique, de même que Gisai.

(1) Le « chemin perré » de Lisieux à Condé, par Chambrais et la Barre ; le chemin du Sap à la Barre ; le chemin de Bernay à Laigle. Plus, trois voies moins importantes : le chemin de Beaumont à Echenfrei ; le chemin de Beaumesnil à la Ferté ; le chemin de Paris. Les trois premiers figurent sur la carte de Cassini.

peu sentir à Gisai, à cause de son éloignement des centres d'action des envahisseurs et de sa situation en pleine forêt.

Nous croyous donc que le culte à saint Taurin n'eut point d'interruption, à Gisai, dans ces temps reculés; que, lors de l'établissement, en 912, des pirates Normands en Neustrie, les Francs du Pays d'Ouche racontèrent aux nouveaux venus les merveilles accomplies chez eux par leur premier évêque ; que les Normands, devenus chrétiens avec leur chef Rollon, furent, dans la suite des temps, les propagateurs les plus zélés de l'antique et véridique tradition dont nous allons signaler les successives versions.

III

Saint Taurin à Gisai.

Des nombreuses légendes de saint Taurin, la plus exacte, dit-on, est celle donnée par un manuscrit du XIe siècle (1) et reproduite dans deux ouvrages modernes (2). Voici la traduction du passage relatif au sujet qui nous intéresse :

[1] Manuscrit n° 989 du fonds latin de la Bibliothèque nationale et provenant, croit-on, de l'abbaye de Fécamp, dont S. Taurin était patron.

(2) *Découverte d'un cimetière mérovingien à la Chapelle Saint-Éloi*, etc., par Ch. Lenormand ; 1854. — *La Châsse de saint Taurin*, etc., par L.-T. Corde ; 1866.

Au bruit de la renommée du saint homme, Licinius (1) se le fit amener dans sa villa de Gisai. Pendant le voyage, Taurin guérit un paralytique, ainsi que sa sœur aveugle, sourde et muette, en repandant sur eux l'eau sainte, et par ce miracle, il convertit ses gardes.

Mais il arrive devant Licinius. (*Suit le dialogue entre le préfet romain et Taurin.*) Furieux d'être le jouet de l'homme de Dieu, Licinius le condamna à être battu de verges. Seigneur Jésus, dit le saint, jetez sur ma vieillesse un regard de compassion. — Et du Ciel une voix répondit : Ne crains rien. le Seigneur est avec son serviteur. Et soudain les mains des bourreaux se desséchèrent (2).

Dans son étude savante sur saint Taurin, bien qu'erronée en ce qui concerne le lieu de sa flagellation, M. Lenormand croit pouvoir assurer que l'illustre romain prêcha l'Evangile dans notre pays vers l'an 242, qu'il fut battu de verges, à Gisai, à l'âge de 61 ans et qu'il mourut en 259.

La tradition, qui subsiste depuis seize siècles, a donc eu, dès son origine, de bien puissantes raisons de s'attacher à notre Gisai de préférence à deux autres endroits portant le même nom (3), et aux

---

(1) Suivant M. Ch. Lenormand, ce personnage serait P. Licinius Valérianus, qui parvint à l'empire en 253, et qui avait été consul avant 237. Il aurait été l'oncle maternel de St Taurin.

(2) La légende des Bollandistes est muette sur ce dernier fait qui est également rapporté par Orderic Vital, le célèbre chroniqueur de l'abbaye d'Ouche, au 12e siècle.

(3) Il y a un Gisai à Thevray et un autre à Beaumontel.

deux localités indiquées depuis peu (1).

Ces raisons, qui firent élever une église dans une région peu populeuse qui en comptait déjà quatorze dans un rayon d'une lieue (2), sont expliquées par la logique la plus élémentaire qui ne peut admettre la présence de fumée sans l'existence de feu. Insister sur ce point serait faire injure au bon sens et à l'intelligence de nos lecteurs : nous préférons fournir aux sceptiques et à ceux qui font profession de dénigrement systématique, des preuves locales, écrites, depuis le XVe siècle, avec le pinceau, la plume ou le burin, par les descendants de ceux qui furent les témoins de l'apostolat de saint Taurin (3).

---

(1) Il y a une trentaine d'années, on a indiqué pour la première fois le Vieil-Evreux ; peu après, en 1854, Mr Ch. Lenormand indiquait Serquigny.

(2) Ces 14 églises étaient celles des paroisses suivantes : Le Bosc-Roger, le Bosc-Robert, St-Ouen-de-Mancelles, Saint-Pierre-du-Mesnil, la Roussière, le Val-du-Theil, Brezey, Epinay, Montpinçon, la Barre, Villers, la Noë, Bois-Baril. En comprenant la chapelle Saint-Clair, au Petit Mesnil-Mauduit, l'église de Gisai était donc le 15e édifice consacré au culte catholique dans une région concentrée qui, il y a cent ans, renfermait environ 3,500 âmes.

(3) Faits relatifs à saint Taurin accomplis depuis sa mort jusqu'au XVe siècle :

Vers 600, saint Laudulfe découvre miraculeusement le lieu de la sépulture de saint Taurin et y construit une chapelle de bois.

Vers 660, à la place de cette chapelle, fonda-

XVᵉ et XVIᵉ siècles.

La flagellation de saint Taurin à Gisai est représentée dans un vitrail du XVᵉ siècle, qui orne l'abside de l'ancienne église abbatiale élevée sur le tombeau du saint, à Evreux. Saint Taurin, nu, la mitre en tête, est attaché à un arbre, et deux bourreaux, l'un armé d'un bâton et l'autre de verges, le frappent à coups redoublés.

Cette œuvre d'art, la seule qui nous ait donné le supplice de saint Taurin (1), est

tion d'une importante abbaye bénédictine.

En 862, dans la crainte des outrages des Normands, Guntbert. 19ᵉ évêque d'Evreux, s'enfuit en Auvergne, son pays natal, et emporte les reliques de saint Taurin, de saint Aquilin et de sainte Florence. De cette époque, l'église de Lezoux en Auvergne prend pour patron saint Taurin et fait la fête de sa translation le 21 novembre de chaque année.

Vers 1020, seconde translation au couvent de Gigni en Franche Comté.

Vers cette époque, érection de l'église de St-Taurin-sur-Fouques, près Brionne.

A une date inconnue du XIIᵉ siècle, le corps de saint Taurin est rapporté à Evreux.

En 1209, les reliques de saint Taurin, cachées en terre dans une peau de cerf, sont découvertes, à Evreux, et enfermées dans des châsses.

En 1255, ces reliques sont transférées dans une magnifique châsse donnée par Gislebert, 17ᵉ abbé de l'abbaye Saint-Taurin. (Cette châsse existe encore et a fait l'objet des deux monographies modernes que nous avons citées).

(1) La flagellation de saint Taurin ne figure

évidemment l'interprétation fidèle de la tradition ébroïcienne, car « l imagier » ne dû exécuter ce vitrail que d'après les renseignements les plus précis que lui fournirent les savants bénédictins qui commandèrent et surveillèrent ses peintures.

Le bréviaire d'Evreux, édition de 1587, est, pensons-nous, le premier livre local parlant de la tradition justement att - chée à Gisai ; voici le texte (1) et la traduction du passage qui nous intéresse et qui confirme les détails du tableau précité :

Et ad hoc usquè tempus in villa Gisiaca duravit corylus, renascentibus à radice per successionem virgultis, quæ nuces inanes ac sinè nucleo producit : quod accidisse narrant incolæ ex eo quod de illà corylo cæsus fuerit beatus Taurinus vel ad illam alligatus, cùm cæderetur.

Et depuis ce temps au village de Gisai subsiste un coudrier, dont les rejetons renaissent de ses racines ; il produit des noix vides et sans noyau : les habitants racontent que cela vient de ce que le bienheureux Taurin fut fouetté avec ce coudrier ou qu'il y fut attaché pour être flagellé.

Ce texte, on le voit, donne à l'égard de la coudre de Gisai, deux versions indi-

---

point dans les bas-reliefs mutilés du portail de l'église abbatiale ni sur la châsse, de la même époque, dont nous avons parlé. Nous n'avons pu trouver, à Paris ni ailleurs, aucune autre œuvre d'art ancienne reproduisant cet épisode de la légende du saint

(1) Ce texte, cité dans la notice publiée par A. Le Prévost, en 1829, sur la Châsse du saint, est emprunté aux Bollandistes, tome II, page 641.

quant l'une et l'autre que cet arbuste est
de beaucoup antérieur à saint Taurin
puisque ses branches fournirent les verges du supplice ou le point d'appui des
liens qui attachèrent le corps du coura-
geux évêque.

Or, dans le vitrail d'Evreux, ces deux
versions semblent indiquées ; en effet,
saint Taurin est lié à un arbre qui doit
être le coudrier légendaire, et un des
bourreaux tient un faisceau de tiges ver-
tes qui sont probablement des branches
empruntées à cet arbre.

Signalons ici une particularité remarquable: La tradition ébroïcienne écrite
n'est point la tradition orale et immémoriale du Pays d'Ouche qui assigne à la
coudre de Gisai une origine moins ancienne mais plus merveilleuse. La tradition
locale, qui a prévalu dans la contrée, dit
que cet arbuste est le bâton, en bois de
coudrier, qui soutenait saint Taurin quand
il vint dans cette localité, bâton qu'il plan-
ta en terre (1) et qui, y ayant pris racines, a produit sept cépées (2).

La tradition locale rapporte aussi qu'en

---

(1) Le *Dictionnaire historique de l'Eure*, par
MM. l'abbé Caresme et Charpillon (1878), dit,
à propos de la coudre : « l'on prétend que c'est
« une branche avec laquelle on a fouetté saint
« Taurin qui a pris racine en cet endroit. »

(2) Dans le pays, on fait un rapprochement
mystique entre ces sept cépées et les sept sa-
crements sur lesquels est édifiée l'Eglise catholique dont saint Taurin fut l'apôtre.

se rendant à Gisai saint Taurin passa par un village voisin dont il demanda le nom. — « C'est le Long-Essard, lui dit-on ». — « Pour moi, ce sera le Long-Fessard, répondit le saint. » — Nous ne voyons là qu'un de ces jeux de mots dont nos aïeux furent toujours si friands, surtout à l'égard des saints dont le nom se prêtait à certaines applications surnaturelles. Cependant, deux faits viennent, sinon confirmer la réponse de saint Taurin, du moins affirmer son passage par le Long-Essard : Le chemin le plus direct de cet endroit à Gisai porte encore, en effet, le nom bien caractéristique de *Sente de saint Taurin* ; de plus, au point de jonction de ce sentier avec la voie romaine a toujours existé, depuis une époque immémoriale, un calvaire nommé la *Croix à l'onu* (1). Or, ces deux témoins sont concluants en faveur de notre tradition.

Le XVI⁰ siècle nous fournit encore un autre témoin : le *Cloître de saint Taurin*. C'est l'enclos en maçonnerie dont on en-

---

(1) Ce calvaire est aussi appelé *Croix Mérimée* du nom de celui qui l'avait rétabli au commencement de notre siècle. La croix actuelle est en fonte sur colonne en briques portant cette inscription : Relevée par J. LEBEL et sa Femme. 1867. M. Jacques Lebel est le neveu du précédent restaurateur de cette croix. Le buis qui orne ce pieux emblème démontre que la foi et le patriotisme subsistent toujours dans cette honorable famille Mérimée, dont un des membres était maire de Gisai, en l'an II.

toura alors la coudre afin de la préserver
des pieuses déprédations des nombreux
pèlerins qui, à cette époque cependant
bien trouolée par les guerres de religion,
venant journellement invoquer saint Taurin pour la guérison des fièvres, brisaient
et emportaient des branches de l'arbuste
pour les mettre dans le breuvage des
malades (1).

La légende de saint Taurin contient
les motifs de ce pèlerinage. Elle dit d'a-
bord que, Marinus, fils du persécuteur de
saint Taurin, tué à la chasse, ressuscité
et baptisé par ce dernier, mourut de la
fièvre quelques jours plus tard ; ensuite
que, Déodat, filleul de saint Taurin, rete-
nu par la fièvre à Mediolanum, écrivit la
vie de son parrain qu'il invoqua en ces
termes, suivant la légende des Bollandistes : « Priez pour moi, ô saint père, qui
« m'avez tenu sur les fonts sacrés ; assis-
« tez-moi de mes frayeurs, toutes les fois
« que je serai obligé de prendre la fuite,
« et que je sois délivré des fièvres au mo-
« yen de vos saintes oraisons. Amen. »

XVIIᵉ siècle.

Si le XVIIᵉ siècle supprima dans les livres liturgiques les faits merveilleux de la
légende de saint Taurin, il ne pu les en-

---

(1) On remarquera, d'après le plan ci-joint,
la forme singulière du *Cloître de saint Taurin.*

lever de la tradition populaire et le culte
du saint était si étendu à Gisai, alors petite paroisse de 300 âmes environ, qu'un
vicaire était adjoint au curé pour subve-
nir à la dévotion des pèlerins (1).

La réputation du pèlerinage de Gisai
était si grande dans le diocèse qu'elle va-
lut à cette localité l'honneur d'être visi-
tée par un prélat célèbre par sa sévèrité
en matière de discipline ecclésiastique.
Cet important événement est ainsi consi-
gné sur le registre paroissial :

« Le vingt et uniesme jour d'octobre
« mil six cent cinquante et un, monsei-
« gneur des Evreux fit son cours de visi-
« te en l'église parroissiale de Saint Au-
« bin de Gisay. — Gilles boutaux mon-
« seign' desvreux le xxie iour de octobre
« 1651. »

La visite de cet éminent évèque ne fut,
pensons-nous, que favorable au pèlerinage de Gisai, par suite des témoignages
et des documents fournis à ce prélat qui
pu en contrôler, sur place, l'authenticité
et la valeur.

En dehors du pèlerinage permanent et
individuel, il se faisait chaque année, le

---

(1) En 1644, Mre Thomas Beaumesnil, prêtre,
est vicaire de Gisai ; il est inhumé le 30 août
1648. — « Au mois de septembre 1648, le mer-
« credy d'après la nativité nostre dame messire
« Raoux Thierry pbre fit son entrée de charge
« de vicarial en la parroisse saint aubin de Gi-
« say. » (*Registres parroissiaux.* Archives comm.)

11 août, fête de saint Taurin, un grand pèlerinage public.

Des paroisses y venaient-elles processionnellement ? Nous l'ignorons. Ce qu'il y a de certain, c'est que, ce jour-là, une affluence considérable de personnes venaient à Gisai, les unes pour prier, les autres pour se divertir ; car, fait remarquable, le peuple avait donné le pas à saint Taurin sur saint Aubin comme patron de la paroisse, et la *Saint-Taurin* était, dès une époque inconnue, l'*Assemblée* du lieu. Les cours avoisinant l'église, le cimetière, la petite place étaient couverts de villageois qui n'avaient guère d'autres occasions que ces fêtes patronales pour se voir et se recréer.

A Gisai, la Saint-Taurin offrait certains détails typiques : le matin, on visitait pieusement le « Cloître », ouvert ce jour-là seulement, et on faisait ses dévotions ; mais le soleil étant brûlant, le cidre bon, les têtes chaudes, le soir voyait quelquefois des scènes tumultueuses où le sang coulait.

Voici, tel qu'il est relaté sur le registre paroissial, un bien tragique épisode de cette célèbre « Assemblée » : « Le jour de « sainct taurin sur les sept heures du soir « le dict nicolas letellier fut tué et assassi- « né malureusement par thomas grand- « cler fils noël et le dict maleur fut faict « innocemment et sans mauvais dessein « ce qui est véritable et ce fut en lan mil

« six cents cinquante trois. »

Un *Memorial historique des Evêques,
Ville et Comté d'Evreux,* écrit dans la seconde moitié du XVIIe siècle (1), contient
les lignes suivantes, se rapportant aux
faits miraculeux accomplis par saint Taurin durant sa vie :

Dieu ayant permis ces miracles pour la con-
version de Licinius, de Leonille, de leurs enfants, de leur domestiques et de la plus grande
partie du peuple d'Evreux, qui receurent dès
lors le don de la foy et [feurent] confirmez en
leur creance par la connoissance certaine que
les noisiliers de Gisay ne raporterent aucun
fruit depuis qu'ils eurent servy à la flagellation
de ce saint martyr.

Une vingtaine d'années plus tard (1690)
l'abbé Boudon, archidiacre d'Evreux, s'é-
tant appliqué à rétablir dans le diocèse la
dévotion à son premier évêque, écrivit
la vie de saint Taurin et fit graver son
image (2). Or, dans son livre (3), le vénérable prêtre fait ainsi mention de notre
localité où, vraisemblablement, il vint
aussi en pèlerinage :

On montre encore dans le village de Gisay,
du diocèse d'Evreux, dont il a été parlé, le lieu
où le saint a souffert ce cruel supplice, qui est

---

(1) Ce *Mémorial*, dont le rédacteur est anony-
me, finit à l'an 1658 ; il a été publié, en 1865,
par l'abbé Lebeurier.

(2) Vers 1694, cette image, aujourd'hui in-
trouvable, se vendait chez Audigé, libraire à
Evreux.

(3) *La Vie de S. Taurin, apostre,* etc. ; Rouen,
J.-B. Besongne, 1694 ; in-24 de 132 pages.

proche de l'église de la paroisse ; et un noise-
tier ou coudrier s'y est toujours conservé, la
racine en reproduisant de nouveaux à la place
de celui où il fut attaché quand on le fouetta si
cruellement : et c'est pourquoi ce village de Gisay est aussi appelé Saint-Taurin de la Coudre.
Les peuples y viennent encore présentement de
différents lieux pour honorer le saint et en im-
plorer les puissants secours durant leurs mala-
dies.

On trouve encore la preuve de l'affluence des pèlerins à Gisai dans l'Etat des rentes dues, en 1695, au trésor de la paroisse et qui s'élevaient à la somme de 104 livres 3 sols 4 deniers. C'était, pour cette
époque de misère générale (1), un chiffre
relativement élevé ; or, nous pensons que
ces rentes provenaient de donations très
anciennes faites en l'honneur de saint
Taurin par des pèlerins exaucés (2).

---

[1] Les registres paroissiaux de Gisai signa-
lent les ravages causés, dans le royaume, par
la rigueur des saisons, la famine, la guerre et
la peste, à partir de 1649.

(2) Nous n'avons rien trouvé sur ces donations dans les registres du tabellionnage de la
Barre, lesquels ne remontent qu'en 1634.

*Etat des rentes dues au trésor de Gisay, en
1695 :* Sur Louis Letellier et ses frères. le 3 juil
8 livres ; Sur Charles Bigaut, le 26 sept. 18 l. ;
sur Jean Perette, le 13 oct., 12 l. ; sur Jean Sur-
mulet fils Louis, le 31 oct., 6 l ; sur les Surmu-
let, le 2 mars, 8 l. ; sur Thomas Gravelle, le 15
mars. 5 l. ; sur Jean Gastine, du Bois-Normand
le 28 janv., 6 l. 13 s. 4 d. ; sur Jean Courtois, le
26 mars, 5 l. 15 s. ; sur Jean et François Letellier, le 15 mars, 4 l. 10 s. ; sur Jacques Harel,
le 10 mars, 5 l. ; sur Joseph Dumoulin, le 31
mars, 2 l. 10 s. ; sur Charles Charpentier, le 15

XVIIIe siècle.

Le siècle dernier nous fournit de nombreux documents concernant le pèlerinage de Gisai ; bien que nous n'ayons pu nous procurer plusieurs livres tout locaux (1) qui nous eussent sans doute donné des renseignements inédits.

Disons d'abord, qu'en 1722 existait, en l'église de N.-D. de la Couture, à Bernay, une *Confrérie de saint Taurin*, et que, bien qu'appartenant alors au diocèse de Lisieux, cette ville paraît avoir eu, dès le XVe siècle (2), un culte spécial pour le grand évêque ébroïcien.

Un rarissime ouvrage, intitulé : *Les Vies des Saints Patrons du Diocèse de Lisieux* (3), publié, vers 1740, par l'abbé

---

mai, 7 l. ; sur Jacques Delaval, de St-Père, le 28 mai, 5 l. ; sur Thomas Letellier, le 4 avril, 13 l. 6 s. — Total : 104 l. 3 s. 4 d. (*Reg. parois.*)

(1) Citons notamment les ouvrages suivants : *Divo Taurino Ebroïcensium apostolo hymnos consecrat D. Joannes Beaucousin, benedictus ; Ebroïcis,* 1720, in-8°. — *Pratiques de dévotion pour la feste de S. Taurin, apostre,* etc. ; Evreux, Maurice Magner, 1770, petit in-12. (Réimprimé en 1805.)

(2) L'église de N.-D.-de-la-Couture de Bernay possédait encore, il y a une vingtaine d'années, la partie inférieure d'un vitrail de la fin du 15e siècle, représentant un évêque, probablement S. Taurin. — (*Mss Le Métayer-M. 1859.*)

(3) In-12, de 275 pages, imprimé à Lisieux chez du Ronceray. Nous avons trouvé l'exemp* de cet ouvrage qui est à la Bibliothèque municipale de Bernay.

Le Prevost, donne en ces termes, d'après le bréviaire d'Evreux de 1737, les motifs de cette particularité :

Le zèle de S. Taurin ne se renferma pas dans les enceintes de la Ville d'*Evreux*, il fit aussi différentes Courses Apostoliques en différents endroits du Pays. Si on en croit la Tradition, il prêcha le nom de J. C. à *Thiberville* et en plusieurs autres lieux du *Pays Lieuvin*. Il retournoit à *Evreux*, lorsqu'il fut arrêté à *Gisay*, comme un Perturbateur du repos public, il fut conduit devant le Juge, qui indigné de la sainte hardiesse de notre Apôtre et des prodiges, dont sa généreuse Confession fut alors accompagnée, le condamna à une cruelle flagellation que des Bourreaux inhumains luy firent souffrir sur le champ. On montre encore aujourd'huy à *Gisay*, Village scitué à sept lieuës de la Ville d'*Evreux* et à 3 lieuës de celle de *Bernay*, le lieu où S. Taurin fut flagellé, près de l'Eglise Parroissiale, vulgairement nommée : *S Taurin de la Coudre*, à cause d'une très ancienne *Coudre*, qui se voit encore à présent sur ce même lieu clos de murailles et fermé d'une Porte, qu'on n'ouvre que pour satisfaire à la devotion des Peuples qui accourent de toutes parts, pour honorer S. Taurin dans ce lieu arrosé de son sang.

Après avoir rappelé que la « Charité » de Thiberville, érigée en 1543, se mit sous le patronage de saint Taurin ; après avoir dit comment, en 1630, les habitants de ce bourg obtinrent des reliques du patron de leur très ancienne église, l'abbé Le Prevost, qui, lui aussi, vint assurément à Gisai, ajoute ces lignes :

L'Eglise de Lisieux a toujours fait comme aujourd'huy *Office Semi-double* de S. Taurin par distinction des autres Apotres de la Province, dont nos plus anciens Livres Liturgiques ne font aucune mention (1). — Il y a dans notre Eglise Cathedrale une très ancienne Chappelle en titre de Benefice sous le nom de S. Taurin, et l'Eglise Parroissiale d'*Anglesqueville* au Doyenné de *Touques*, est, comme celle de *Thiberville*, sous l'invocation du même Saint.

Seule la coudre de saint Taurin attirait les pèlerins à Gisai, car l'église ne possédait aucune relique du saint, et, fait extraordinaire, des trois autels (2) que renfermait ce temple, aucun n'était dédié à saint Taurin (3). Aucune œuvre d'art : ta-

----

(1) Dans le diocèse de Bayeux, le 11 août, on faisait semi-double la fête de S Taurin, mais le bréviaire de 1696 ne disait pas un mot sur cette antique coutume. (*Mémoires pour servir à l'hist. ecclés. des six premiers siècles*, par le sieur D T ; Paris, 1696, in-4°, t. IV, note XXV.)

Dans le diocèse de Rouen, saint Taurin y était aussi honoré d'une façon toute spéciale. « S. Taurin et Ste Suzanne etaient en grande « veneration à Fecan : ils sont regardez com- « me les Patrons de la ville, quoique leur fête « n'y soit pas de precepte ; et l'on croit avoir « dans l'Abbaïe le corps de l'un et le chef de « l'autre. Vers l'an 1500, l'abbé Antoine Bohier « avait fait placer dans la chapelle de S. Taurin « l'image de ces deux saints. » (*T. Duplessis*, 1740 t. I, p. 93.)

La paroisse de Saint-Taurin-des-Ifs ou sur Fouques, dépendait aussi du diocèse de Rouen, et dans l'église se voyaient les statues de saint Taurin et de sainte Suzanne ; elles sont maintenant dans l'église de Malleville.

(2) Le 20 août 1781, l'archidiacre d'Ouche, faisant sa visite, ordonne d'acheter des tapis pour les trois autels. [*Reg. par.*]

(3) Les deux petits autels étaient dédiés : l'un

bleaux ou sculptures, ne reproduisait les épisodes de sa légende; une petite statue en bois, placée au maître-autel, au-dessus de la porte de la sacristie, était l'unique image de saint Taurin que renfermait l'église de Gisai, bien pauvre, du reste, en antiquités artistiques. Au bas de cette statue était fixé un tronc destiné à recevoir les offrandes des pèlerins, et sur un carton était collée une prière toute locale dont le texte est maintenant perdu.

Cette absence de reliques vient encore appuyer la tradition attachée à la coudre, et, lorsqu'en 1762, la cathédrale d'Evreux reçu avec le plus grand enthousiasme (1) des reliques de saint Taurin, on ne songea nullement à en offrir à notre paroisse par la raison que celle-ci possédait, dans l'arbuste béni, une relique précieuse, unique, qu'on lui enviait de tous côtés.

Aussi, la Révolution ne porta-t-elle point sa main sacrilège sur cet arbuste que la vénération populaire continua, du-

---

à la Vierge; l'autre à S. Sébastien, bien qu'il n'y eût pas de « Charité ». Il ne paraît même pas avoir existé une Confrérie de S. Taurin.

(1) A cette occasion, il fut publié ces livres : *Reflexions en forme de méditation pour s'occuper pendant la neuvaine qui se fera dans l'eglise cathedrale d'Evreux, en l'honneur de S. Taurin*, etc. Evreux, vᵉ Malassis, 1762, in-18 de 26 p. — *Prières en l'honneur de S. Taurin apostre*, etc.; *pour le jour de la translation solennelle de ses reliques, le 12 sep. 1762*; Evreux, la même, in-18 de 18 p.

rant les plus mauvais jours, à entourer d'un respect édifiant et honorable.

L'importance du pèlerinage de Gisai, à cette époque, est constatée par ce fait que le chiffre des offrandes pécuniaires dont nous avons parlé excita la convoitise de la bande de voleurs qui dépouilla alors un si grand nombre d'églises (1). En effet, du 15 au 17 octobre 1791, un vol fut commis dans celle de Gisai et le principal délit fut « l'enlèvement des deniers de Saint Taurin (2). »

L'esprit de piété des habitants de Gisai, pendant la Révolution, est attesté par les faits que nous avons recueillis et communiqués à un de nos confrères, pour servir à sa notice historique sur cette localité. De ces faits, rappelons celui qui concerne particulièrement notre sujet : En mars 1792, les habitants s'assemblèrent pour délibérer relativement aux travaux à exécuter à leur église, « faire faire les réparations de la *grille* (3) et rechaper les murs du *cloître*. »

---

(1) Autres églises de la région dévalisées par cette bande restée inconnue; Mancelles, 25 décembre 1791 ; Pierreronde, 27 janvier 1792 ; Mélicourt, 3 février ; Corneville-la-Fouquetière, 7 mars dite année. (*Arch. de Bernay*. Corresp.)

(2) *Reg. des délib. comm. de Gisai.* — Mairie.

(3) Il s'agit, pensons-nous, de la grille placée à la porte du cimetière afin que les fidèles enlèvent de leurs chaussures les ordures qui eussent pu souiller le lieu saint. Ces antiques grilles sont très rares de nos jours ; citons celle de Gauville, près la Ferté.

Ajoutons cependant que, fait peut-être sans exemple dans le pays, le culte catholique, bien qu'interrompu à Gisai, en 1793, fut exercé sans interruption mais en cachette (1), par le curé du Bosc-Roger, l'abbé Letellier, qui avait été laissé dans son presbytère à cause de son grand âge et qui continua son ministère, dans son ancienne paroisse, jusqu'à sa mort (2).

Notre Époque.

Vers 1830, l'église de Gisai hérita d'un fragment des reliques de saint Taurin et les habitants reçurent avec une extrême joie ce précieux dépôt qui ne fit que mettre davantage en relief cette localité que le grand apôtre avait pour ainsi dire sanctifiée.

Ces reliques accordées à Gisai étaient, en outre, une sorte de reconnaissance solennelle, par les autorités diocésaines, de la tradition attachée à ce lieu et déjà reconnue précédemment par les autorités historiques de notre province (3).

------

[1] La plupart des baptêmes secrets étaient faits, par ce prêtre, au hameau du Châble, chez Anne Morand, sœur des Ecoles chrétiennes de la paroisse de St-Ouen-de-Mancelles. (R. de c.)

(2) Le dernier acte signé du curé Letellier, au Bosc-Roger, est du 7 décembre 1802.

(3) En 1825, M. Guizot, et en 1829, M. Le Prévost avaient reconnu notre Gisai pour être celui de la légende.

L'incendie qui, le jeudi saint 1845, consuma la vieille église de Gisai, fut l'occasion de manifestations particulièrement expressives et glorieuses.

Disons d'abord que, vers midi, au moment où le feu avait envahi tout l'édifice, Jean-Michel Courtois, enfant et sacristain de Gisai (1), n'hésita pas à sacrifier sa vie pour sauver la relique de saint Taurin, et, fait vraiment providentiel, cet homme, malgré l'intensité du feu et de la fumée, malgré le poids de la châsse, put sortir sain et sauf de l'ardent brasier et enlever ensuite une partie du mobilier de la sacristie ; malheureusement, les flammes atteignirent l'antique statue de saint Taurin que l'héroïque Courtois se proposait aussi d'arracher au terrible élément qui dévora tout le mobilier et les cloches (2).

---

(1) M. Courtois, aujourd'hui septuagenaire, nous a fourni de nombreux renseignements sur sa paroisse natale dout il fut longtemps le sacristain et le fossoyeur.

(2) De ce mobilier, citons le tableau du grand autel, représentant : l'*Annonciation*.
Le clocher, en bois, couvert en essente et placé au milieu de la petite église, renfermait 2 cloches : celle de Gisai et celle du Bosc-Robert, cette dernière enlevée, par surprise, le jour de l'Ascension 1820. — Nous devons ce renseignement, avec beaucoup d'autres, à un fervent ami des antiquités de notre Pays d'Ouche, M. Emile Frémont, de la Roussière, auquel nous sommes heureux de présenter ici notre cordiale gratitude et nos vifs remerciements.

Ce fut à propos du projet de relever cette église que le sentiment populaire se manifesta hautement; car la Révolution ayant réuni à Gisai les paroisses du Bosc-Roger, du Bosc-Robert et de Saint-Ouen-de-Mancelles, il existait alors sur le territoire de la commune trois églises, toutes parfaitement disposées pour les besoins du culte. Or, quinze jours après le sinistre, le 6 avril 1845, les conseillers municipaux, au nombre de douze, se réunirent pour « donner leur avis sur l'emplacement où « devra être édifiée la nouvelle église à « construire dans la commune. ». Les observations présentées sont très intéressantes :

Jean-Baptiste Morand, le doyen d'âge, déclare « qu'il est inutile d'en construire « une nouvelle, attendu qu'il en existe « dans la commune d'assez grandes avec « leur cimetière et mêmes plus grandes « que celle incendiée. »

Pierre Mélite Douche déclare : « qu'il « se réserve à l'église du Boscrobert, « comme étant sa section, et qu'il en « existe encore deux dans la commune « sans celle-ci, et il s'oppose à la cons-« truction de la nouvelle église. »

Sont également opposants : Jean Mullet ; Jacques Boudin ; Pierre-Pascal Douche ; Louis-Victor Aubey ; Pierre Jamme.

Jean Caillé est d'avis : « que la nouvel-« le église soit construite au même lieu « que l'ancienne, attendu qu'il y a beau-

« coup d'économie pour toute la commune,
« *vu encore que ce fut le lieu où St Taurin*
« *premier évêque de ce diocèse, vint an-*
« *noncer la foi à nos pères et qu'il y plan-*
« *ta son bâton qu'on revère encore sous le*
« *nom de la Coudre St Taurin, et que ses*
« *reliques y ont été transférées dernière-*
« *ment, ce qui attire un grand nombre de*
« *pèlerins de toutes parts* (1). »

Charles-Henry Mérimée est du même avis.

Victor-Césaire Chainot est d'avis que la nouvelle église soit reconstruite à la même place, d'abord pour raison d'économie à cause des murs et de la pointe restés debout, de la clôture et du terrain du cimetière ; puis, il rappelle : « les cendres de
« nos malheureux parents qui réposent
« dans ce lieu ; enfin, *le lieu où s'est*
« *abaissé le bienheureux St Taurin qui a*
« *adopté ce lieu pour venir annoncer la S^{te}*
« *Evangile à nos pères et dont il existe*
« *encore une coudre en sa mémoire.* »

Julien Hamel est du même avis.

Lambert Panthou, maire, est d'avis :
« que la nouvelle église doit être recons-
« truite à la même place de celle incen-
« diée, vu que les murs de l'ancienne peu-
« vent servir pour la rétablir, et que *le*

---

(1) Dans la chapelle particulière qu'il a fait construire sur sa propriété, un digne descendant du respectueux exposant a donné à saint Taurin une des places d'honneur.

« *cimetière où sont nos chers parents, et*
« *la vénérable coudre de St Taurin à qui*
« *beaucoup de personnes ont une grande*
« *vénération, tout excite à reclamer cet*
« *endroit.* »

Bien qu'en minorité dans le conseil municipal, les considérations religieuses et patriotiques l'emportèrent sur la question d'économie et de rivalité de clocher. Une souscription privée, ouverte quelques jours après le sinistre, produisit spontanément la somme de douze mille francs ; et, malgré de nombreux et longs tiraillements (1), grâce à la générosité d'un grand nombre de paroissiens de Gisai et des alentours (2), grâce au puissant et large concours de l'évêque d'Evreux, Mgr Olivier et de son grand vicaire, M. Delanoë (3), une nouvelle église fut rapidement élévée à la place de l'ancienne.

Le 11 août 1852, eut lieu la consécra-

---

(1) A ce sujet, lire notamment la délibération municipale du 9 juin 1850.

(2) La longue liste des bienfaiteurs est contenue dans deux tableaux placés dans l'église.

(3) La généreuse coopération de Mgr Olivier est constatée par ses armes qui se voient au banc-d'œuvre et aux vitraux.

L'abbé Delanoë donna les belles verrières de l'abside, dont l'une représentant saint Taurin ayant à ses pieds un tigre et un bœuf, figures allégoriques de l'idolàtrie vaincue et des mœurs des infidèles adoucies par le Christianisme, fut reproduite par une lithographie que le sacristain de Gisai vendait alors aux pèlerins.

tion solennelle de ce temple qui fut placé sous le vocable de saint Taurin.

Un dernier trait donnera la mesure du sentiment de dévotion qui anime toujours la population à l'égard de saint Taurin : Il y a trois ans, M. l'abbé Douesnard, curé de la paroisse, manifesta le désir de faire reproduire sur un vitrail la scène de la flagellation du grand patron de l'église ; or, accompagné de M. Hamel, maire de la commune, le sympathique prêtre recueillit, au bout de quelques heures, une somme suffisante pour réaliser son pieux et louable dessein.

Enfin, l'empressement des habitants des trois anciennes paroisses réuniés à Gisai à faire déposer leurs parents défunts à l'ombre de la Coudre de saint Taurin est un fait édifiant qui permet d'espérer l'union et la fraternité chrétienne que le grand apôtre apporta en ce lieu et dont toute la contrée donna pendant si longtemps un si bel et touchant exemple.

Tradition suspecte.

Si les traditions que nous avons rapportées offrent tous les élémens d'une authenticité indiscutable, il n'en est pas de même d'une autre tradition ainsi mentionnée dans la notice publiée par M. Le Prévost, en 1829, sur la Châsse de saint Taurin :

Une famille du voisinage, dont le nom est Bertrand, présente ce phénomène héréditaire que tous ses membres sont dépourvus d'ongles aux pieds et aux mains. On prétend qu'elle descend des bourreaux de saint Taurin, et que c'est en punition de leur crime que leur postérité, après tant de siècles, continue d'être affligée de cette humiliante privation. Ces Bertrand n'habitent point Gisai, mais les communes voisines de Sainte-Marguerite et des Jonquerets.

Il y a encore à Gisai même une famille Gravel qui est en en butte à la même imputation.

Cette tradition n'est consignée dans aucun des documents anciens que nous avons compulsés, et nous pensons qu'elle n'est que l'interprétation erronée et fantaisiste du passage de certaines légendes indiquant que, lorsqu'une voix du Ciel eut répondu à la prière de saint Taurin, pendant sa flagellation à Gisai, « soudain les mains des bourreaux se desséchèrent. »

L'iconographie du XVe siècle contredit aussi cette tradition uniquement orale. En effet, des deux bourreaux représentés sur le vitrail d'Evreux, l'un, celui qui tient un bâton et la corde, montre sa main parfaitement conformée avec ses *doigts munis d'ongles*.

De plus, en ce qui concerne les Gravel, nous pouvons affirmer, d'après les témoignages les plus sérieux, que le dernier descendant de cette très ancienne famille de Gisai, décédé en   , avait les doigts des mains également pourvus d'ongles (1).

____

(1) Citons notamment le témoignage de M.

Il nous paraît donc difficile d'asseoir la véracité de cette tradition si controversée et qui nous semble tant soit peu suspecte.

Allégations critiques & erronées.

Dans une Notice historique sur Gisai-la-Coudre, publiée tout récemment à Elbeuf et à laquelle ncus avons fourni un certain nombre de documents, les auteurs, étrangers à notre pays, émettent des allégations critiques d'autant plus faciles à réfuter qu'elles ne sont appuyées que d'appréciations purement personnelles où perce un esprit de parti qu'évite tout historien impartial.

De ces allégations erronées nous ne releverons que celles qui ont pour objet de battre en brèche l'authenticité du culte de S. Taurin à Gisay. Tout lecteur de bonne foi appréciera la valeur des arguments de chacune des deux notices et jugera ainsi de quel côté est la vérité.

— C'est une grosse erreur de dire (page 9 de la notice elbeuvienne) : « Les « coudriers ne paraissent pas avoir plus « de soixante ans d'existence. »

Preuves incontestables du contraire :

La cépée principale et primitive, placée à l'angle nord-ouest de l'enclos, mesure

---

Ameline, ancien agent-voyer cantonal de Beaumesnil, qui eut longtemps sous ses ordres ce dernier Gravel, en qualité de cantonnier-chef.

environ CINQ mètres de circonférence ;
sa plus grosse tige, rongée par plusieurs
siècles, remplace depuis fort longtemps la
tige-mère que les vieillards octogénaires
ni leurs aïeux n'ont pas vue, mais dont
les traces subsistent encore au centre de
cette énorme et très vieille cépée.

— C'est une erreur de dire (page 71) :
« Les coudriers n'existaient pas lors de la
« construction de la première église, par-
« ce que celle-ci, contre l'usage, n'a pas
« été élevée sur le « lieu même » du sup-
« plice de S. Taurin, mais bien à côté. »

Le simple bon sens répond :
L'église de Gisai ne pouvait être bâtie
SUR le coudrier sans causer la mort de
cet arbuste dont les générations futures
eussent alors pu contester l'origine merveilleuse. Construire l'église à côté, au midi, était donc l'unique moyen de conserver à la postérité un témoin vivant et per-
pétuel des prodiges accomplis en ce lieu.
De plus, cet arbuste étant une sorte de
temple, d'oratoire naturel consacré à S.
Taurin, rien d'étonnant à ce que l'église
paroissiale de Gisai ait été, comme tant
d'autres, dédiée au saint le plus populaire de la Normandie (1).

— C'est une erreur de dire (même page) : « Ce ne fut qu'au XVIIᵉ siècle que
« le nom de saint Taurin commença à de-

---

(1) Dans notre arrondissement, huit paroisses portaient le nom de Saint-Aubin.

« venir populaire à Gisay. On ne le con-
« naissait peu ou point auparavant ; de
« même, les sept coudriers du cimetière
« n'attiraient nullement l'attention publi-
« que. »

Preuves du contraire :

1° La scène de la flagellation représentée, à la fin du XV⁰ siècle, sur le vitrail
d'Evreux ; scène qui montre un coudrier
garni de plusieurs noisettes de l'espèce
dite *franche* (1).

2° La leçon du bréviaire d'Evreux de la
même époque, qui rapporte une tradition
déjà immémoriale.

3° L'enclos, qui est aussi du XVI⁰ siècle.

4° La mention du registre paroissial, à
l'an 1653, qui démontre qu'à cette date
S. Taurin était depuis longtemps populaire dans le pays et que sa fête était la
principale de la paroisse et des environs.

5⁰ A la fin du même siècle, Le Batelier
et l'abbé Boudon constatent la haute an-
tiquité attachée à notre Coudre.

---

(1) Cette particularité vient appuyer la tradition locale qui dit uniquement que la Coudre
de Gisai est le bâton de S. Taurin. En effet, la
cépée principale est de l'espèce dite *franche*,
comme celle du vitrail. Les six autres cépées
proviennent évidemment de semis successifs,
car leurs noisettes, dont nous avons cueilli des
échantillons, sont dégénérées jusqu'à l'espèce
dite *sauvage*.
Nous devons à l'obligeance et au talent de M.
Duhamel-Marette le calque artistique de ce vitrail. Nous nous proposons de le faire graver.

— C'est une erreur de dire (p. 73-74) :
« L'enclos n'est qu'un lieu de sépulture
« et ce fut pour *dissimuler* l'endroit où
« était inhumé l'un des siens et le sous-
« traire aux menaces d'un ennemi, qu'u-
« ne famille puissante de la contrée plan-
« ta d'abord sur le tombeau une quantité
« suffisante de coudriers ; puis, fit élever
« des murailles à l'entour. »

Cette hypothèse ne peut tenir debout :
d'abord, parce que la tradition n'eût pas
manqué de conserver le souvenir de la
haine supposée entre deux familles nobles
de Gisai ; ensuite, parce qu'il n'y eut ja-
mais, dans cette paroisse, de famille puissante et redoutée ; enfin, parce que *dissimuler* une tombe en plantant dessus des
coudriers nous semble inadmissible.

C'est une erreur de dire (p. 73) : « Pen-
« dant la Terreur, les habitants de Saint-
« Aubin-de-Gisay, afin de prouver qu'ils
« détestaient l'ancien régime et tout ce
« rappelait le culte catholique, décidèrent
« de ne donner à leur commune que le
« nom de Gisay tout court ; puis, à la
« création du cadastre, elle fut nommée
« Gisay-la-Coudre, pour la distinguer des
« autres Gisay. »

Preuves du contraire.

Ce fut le gouvernement et non les habitants qui, en 1793, supprima la dénomi-
nation SAINT du nom des localités.

Durant cette sanglante époque, les habitants de Gisai et des sections réunies,

ne cessèrent de suivre le culte catholique
et d'en faciliter l'exercice, non seulement
par le vénérable curé du Bosc-Roger, mais
encore par tous les prêtres insermentés de
la contrée (1), Et, fait concluant, dans
cette petite église du Bosc-Roger, la seule dans le pays restée ouverte pendant la
tourmente révolutionnaire, de tous côtés
on vint faire baptiser des enfants et recevoir le sacrement de mariage (2).

Un document daté du 16 nov^re 1801 ci-
te à deux endroits la paroisse de « Saint-
Aubin-de-Gisé-de-la-Coudre (3). »

---

(1) Citons notamment : l'abbé Bernard ; Dela-
lande, curé de la Roussière ; Fournier, curé
de Chambrais ; Hareng, curé de Marnières ; Va-
lois, curé de Marcherail, diocèse de Chartres ;
l'abbé Buisson ; De la Boulaye, curé de Cham-
pignoles ; Bertrand, curé de St-Pierre-du-Mes-
nil ; Delamare, curé de la Barre ; Leveau, curé
du Mesnil-Rousset, Douye, curé de St-Martin-
de-Cernières ; Delarue, curé de Bois-Anzeray.
(*Reg, de cath. du Bosc-Roger et de Gisai.*)

(2) De fervents catholiques vinrent ainsi de :
Gisai, St-André-de-la-Barre, la Haye, la Roussière, St-Aubin-des-Hayes, Bois-Nouvel, la
Noë, Thevray, le Val-du-Theil, Réville, Bois-
Panthou, Beaumesnil, Ste-Marguerite-en-Ou-
che, les Jonquerets, le Tilleul, Ferrières, Gau-
ville-en-Gauvillais, Epinai, St-Pierre-du-Mes-
nil, la Barre, Landepereuse, St-Jacques-de-la-
Barre, Bosc-Robert, Bois-Maillard. — Jusqu'au
10 novembre 1795, les actes portent que les par-
ties n'ont point été requises de signer, « à cause de la persécution. » — (*Arch. de la fabrique.*)

(3) Certificat du baptême de la fille Buchard
administré, à Gisai, par Monsaint, curé de Cir-
fontaine. — (*Arch. de la fabrique.*)

Cette addition au nom ancien est elle-même d'origine religieuse ; on la trouve pour la première fois : en 1810, dans le registre de catholicité, en 1845, dans le registre de l'état-civil ; en 1846, dans le registre des délibérations municipales.

Gisai étant la seule localité de ce nom, le surnom de « la-Coudre » lui fut donné seulement par le peuple, en honneur de S. Taurin ; administrativement, ce fut toujours, depuis 1793 : « GISAY. »

Nous croyons avoir démontré, par des preuves sérieuses et irréfutables, le bien fondé de la tradition acceptée par tant de générations et de personnages éminents (1) ; tradition qui, pour le Pays d'Ouche, est une gloire que chacun doit défendre et respecter.

A cet égard, nous sommes heureux de pouvoir terminer cette modeste étude historique, en constatant que, le 16 août dernier, jour de la fête de S. Taurin, une affluence de monde, plus grande encore que celle des années précédentes, s'est trouvée à Gisai. Cette manifestation prouve,

---

De 1803 à 1805, les registres de catholicité portent la mention : « Saint-Aubin-de-Gisay. »

(1) Parmi ces derniers, citons encore Mgr Olivier qui, dans sa lettre-circulaire, du 29 juillet 1852, invitant tous les curés de la contrée à s'associer à la cérémonie de la dédicace de la nouvelle église de Gisai, déclarait que S. Taurin avait été flagellé en ce lieu.

à la louange de notre cher pays, que la foi
chrétienne n'est point éteinte chez les descendants de ceux que le grand apôtre
évangélisa et auxquels il laissa un témoignage merveilleux de sa divine et ad-
mirable mission.

E. VEUCLIN.

Bernay, le 4 novembre 1885.

DU MÊME AUTEUR :

1871-1885. — Glanes historiques sur la Normandie.

Ephémérides et Notices publiées dans les journaux locaux : Fables en patois du Pays d'Ouche ; — Etymologie de Bernay ; — Description de quelques Vitraux de l'église N.-D. de la Couture ; Les Armoiries de Montreuil-l'Argillé ; — Les squelettes de la Folletière : — La Source minérale de Bernay ; — La Saint-Crépin ; La Sainte-Anne ; — Les Sapeurs-Pompiers de Bernay ; — Les Curés de Sainte-Croix ; — La Musique à Bernay depuis 400 ans ; La Saint-Nicolas ; — L'Artillerie de Bernay ; — Une Histoire de Bernay écrite en 1765 ; — Notes historiques sur Chambrais, etc. — Vieilles Chansons villageoises ; — Comptes-rendus, etc., etc.

1873. — Histoire de la Ville de Bernay et du Canton.

1874. — Le Fort Français de Chambly (Canada.)

1874. — Notice sur le Fort Saint-Louis de Chambly.

1875 — Estampages de quatre Pierres tombales, gravées au trait, des XIVe, XVe et XVIe siècles.

1875. — Calque de deux Vitraux du XVe siècle.

1876. — Saint Vincent de Paul à Bernay, en 1650.

1877. — Histoire d'un petit coin du Pays d'Ouche. Le Pont-Echenfrei, etc.

1877. — Les Confréries des Captifs à Bernay et aux environs.

1877. — Les Vitraux de Saint-Martin de Laigle.

1878. — Le Musée municipal de Bernay, son origine.

1878. — Quelques mots sur les Vitraux anciens de l'église paroissiale d'Orbec.

1879. — Fin de l'Abbaye royale du Bec-Hellouin.

1881. — Documents inédits sur les Armoiries de la ville de Bernay.

1881. — Les huit Canons du château de Broglie.

1883. — Description sommaire de l'église de Rotes.

1883. — L'Imprimerie à Bernay, depuis son établissement jusqu'en 1883.

1884. — Le Cléricalisme n'est pas l'ennemi de la Liberté, du Progrès et de la Civilisation.

1884. — Petit Bouquet de Fleurs historiques sur la
          Maison de Broglie.
1884. — La Ruine de l'Abbaye de Saint-Evroult. (A. N.)
1885. — Le Théâtre à Bernay, au XVIIIe siècle.
1885. — La France en 1789. — Cahiers du Tiers-Etat
          de la ville de Bernay.
1885. — Les Petites Ecoles et la Révolution (1789-99)
          dans les districts de Bernay et Louviers.
1885. — Saint Taurin et la Coudre de Saint-Aubin-de-
          Gisai.
1885. — L'Eglise Sainte-Croix de Bernay. (Histoire de)

www.ingramcontent.com/pod-product-compliance
Lightning Source LLC
LaVergne TN
LVHW010343030726
842520LV00004B/1581